CATALOGUE

DE

TABLEAUX ANCIENS

ET DE

GRAVURES

DES DIFFÉRENTES ÉCOLES

Formant la Collection de M. E. DE CROOS

ARCHITECTE A LILLE

DONT LA VENTE AUX ENCHÈRES PUBLIQUES AURA LIEU

HOTEL DROUOT

Salle n° 4

Le Samedi 24 Juin 1865

A UNE HEURE & DEMIE PRÉCISE

Par le ministère de Mᵉ Max **DUGIED**, Commissaire-Priseur
rue des Petites-Écuries, 55 ;
Assisté de M. **HORSIN-DÉON**, Peintre, rue Chabanais, 1,
Chez lesquels se distribue le présent Catalogue.

EXPOSITION PUBLIQUE

Le Vendredi 23 Juin 1865, de une heure à cinq heures.

PARIS

RENOU & MAULDE

IMPRIMEURS DE LA COMPAGNIE DES COMMISSAIRES-PRISEURS
Rue de Rivoli, 144

1865

CATALOGUE

DE

TABLEAUX ANCIENS

ET DE

GRAVURES

DES DIFFÉRENTES ÉCOLES

Formant la Collection de M. E. DE CROOS

ARCHITECTE A LILLE

DONT LA VENTE AUX ENCHÈRES PUBLIQUES AURA LIEU

HOTEL DROUOT

Salle n° 4

Le Samedi 24 Juin 1865

A UNE HEURE & DEMIE PRÉCISE

Par le ministère de M° Max **DUGIED**, Commissaire-Priseur
rue des Petites-Écuries, 55;
Assisté de M. **HORSIN-DÉON**, Peintre, rue Chabanais, 1,
Chez lesquels se distribue le présent Catalogue.

EXPOSITION PUBLIQUE

Le Vendredi 23 Juin 1865, de une heure à cinq heures.

PARIS

RENOU & MAULDE

IMPRIMEURS DE LA COMPAGNIE DES COMMISSAIRES-PRISEURS
Rue de Rivoli, 144

1865

CONDITIONS DE LA VENTE

Elle sera faite expressément au comptant.

Les Acquéreurs paieront, en sus du prix d'adjudication, CINQ pour CENT, applicables aux frais.

DÉSIGNATION

DES

TABLEAUX

BLOEMAERT (SIGNÉ)

1 — Paysage.

Au centre coule une rivière, des figures spirituellement touchées l'animent.

BRIL (PAUL)

2 — Paysage avec figure de saint Jérôme.

BRAUWER

3 — Tête d'homme, riant.

BAPTISTE MONOYER

4 — Corbeille de Fleurs.

BAPTISTE (ÉCOLE DE)

5 — Vase de Fleurs.

CIRO FERRI

6 — Massacre des Innocents.

COLOMBEL

7 — Triomphe de Bacchus.

ELZHEIMER (SIGNÉ)

8 — Paysage montagneux.

Sur le premier plan, Job est sur son fumier, entouré de ses amis et tourmenté par sa femme.

ÉVANS

9 — Paysage montagneux, site d'Italie.

FRANCK

10 — Adoration des Mages.

FICTOR

11 — Un Fumeur.

FIDENZA

22 — Le commencement de la Tempête.

HEEMSKERK

13 — Buveurs et Fumeurs.

HAMILTON

14 — Chasseur. Un sanglier est étendu à ses pieds.

HONTHORST (Gérard)

15 — Le Christ insulté.

HACKERT (J.-Philippe)

16 — Paysage-Marine.

HERVIER

17 — Petite Ouvrière. (Aquarelle.)

J.-N.-M. (signé du monogramme)

18 — Paysage avec figures de Nymphes.

J.-M.-C. (signé du monogramme

19 — Bacchanale d'Enfants.

KOBEL (d'après)

20 — Paysage et Animaux.

LANFANT

21 — Passage des Thermopyles.

MARATTE (Carle)

22 — La Vierge et l'Enfant.

MOLA (Francesco)

23 — Nymphes et Satyres dans un paysage.

MABUSE (Jean de)

24 — La Vierge et l'Enfant.

Marie est assise soutenant son divin fils sur ses genoux. Un voile blanc couvre sa tête, un manteau rouge est drapé sur ses épaules.

Une exécution fine, une bonne conservation recommandent ce tableau.

MILLET (Francisque)

25 — Paysage avec figures.

MOLENAER (genre de)

26 — Paysage. Effet d'hiver.

MIGNARD (école de)

27 — Angélique et Médor.

MONY (Jean de)

28 — Jeune Femme au bain.

MOMPER (Josse de)

29 — Paysage montagneux.

Sur le premier plan, des masses de rochers forment une grotte spacieuse au centre de laquelle est un autel : un prêtre y dit la messe ; des fidèles se rendent à l'office ou l'écoutent agenouillés.

Tableau capital du maître.

NIEULANDT (Guillaume)

30 — Paysage montagneux.

NEER (genre de Van Der)

31 — Paysage-Marine.

32 — Paysage, clair de lune.

33 — Paysage, clair de lune.

NÈVE (François de)

34 — Jésus conduit au Calvaire.

POEL (Van Der)

35 — Incendie dans un village.

RUBENS

36 — Allégorie.

Guerrier entraîné par le Plaisir et suivi par le Remords.

Ce tableau a été considéré par des Amateurs distingués comm · étant un pastiche de Téniers.

SALMON

37 — Petite Fille de Pêcheur.

TAHON

38 — Intérieur de Cabaret.

39 — Intérieur. Son Pendant.

TENIERS (ÉCOLE DE)

40 — Paysage avec figures.

41 — Une Tuilerie.

42 — L'Hiver.

TREVISANI

43 — La Chaste Suzanne

VALENCIENNES

44 — Paysage boisé.

VOORHOUT (J.)

45 — Femmes et Enfants.

VOUET (Simon)

46 — Le Jugement de Salomon.

WERF (Van Der)

47 — Le Réveil.

VALLIN

48 — Mars et Vénus.

———————

TABLEAUX DIVERS

49 — Rubens (École de). Portement de Croix.

50 — Portrait d'Homme. Miniature à l'huile.

51 — Port de Mer.

52 — Villa.

53 — Palais au bord de la mer.

Ces trois petites peintures faisant pendants sont peintes sur marbre blanc.

54 — Vue de Ville.

55 — Maison de Pêcheur. (Pendant du précédent.)

56 — Saint François d'Assises, en prière.

57 — Tête d'Enfant Jésus.

58 — Choc de Cavalerie.

59 — Le Rédempteur.

60 — ÉCOLE ESPAGNOLE. La Vierge et l'Enfant.

61 — ÉCOLE FRANÇAISE. Tête de Paysanne.

62 — ÉCOLE DE RUBENS. L'Ange Gardien.

GRAVURES & LIVRES A FIGURES

63 — Description de l'Égypte, ou Recueil des observations et des recherches qui ont été faites en Égypte pendant l'expédition de l'armée française; 2me édition dédiée au roi, 25 vol. in-8° et 900 gravures, grand atlas, grand-aigle, broché, et dans le plus bel état de conservation.

64 — Suite d'estampes pour servir à l'illustration des mœurs et des costumes des Français dans le XVIIIe siècle, année 1775. *Paris, impr. de Prault,* gravures par Freudeberg et Moreau jeune.

65 — Tableau des habillements, des mœurs de Hollande au commencement du XIXe siècle. *Amsterdam,* gravures en couleur.

66 — Les Quatre Saisons, gravé par LEVASSEUR. 4 p.

67 — La Fontaine d'Amour et le Songe, d'après FRAGONARD. 2 p.

68 — Louis XVI, d'après CALLET, gravé par BERVIC.

69 — D'après PETERS, RAPHAEL, RUBENS. 3 p.

70 — J. VERNET, DIETRICK, PATTIN. 4 p.

71 — Quatre grandes pièces : lithographies d'après GIRODET, BEAUGARD et LANCRENON.

72 — Six pièces, d'après GIRODET, ALBERTI, COUPIN, GÉRI-
CAULT, LANCRENON.

73 — Deux grandes pièces, d'après INGRES et GIRODET.

74 — Neuf pièces, Académies et figures.

75 — STEUBEN et SWEBACK. 3 p.

76 — REMBRANDT (par et d'après). Eaux fortes. 13 p.

77 — Seize pièces, gravures diverses.

78 — Neuf pièces, paysages d'après différents maîtres.

79 — Neuf pièces, portraits d'après VAN DYCK et autres.

80 — Six pièces, gravures de l'École française.

81 — Eaux-fortes, caricatures de Voltaire.

82 — Deux grandes pièces, d'après RUBENS et POLYDORE DU
CARAVAGE.

83 — Deux eaux-fortes, d'après LAFAGE et DESHAYES.
Grandes pièces.

84 — Neuf eaux-fortes, d'après ROOS et ZILOTTI.

85 — VISCHER, d'après BERGHEM. 3 p.

86 — BREUGHEL, PAUL BRIL, SAVARY. 8 p.

87 — CHARDIN, VAN LOO, HUET, GAZARD et COTTIBERT. 6 p.

88 — Eaux-fortes de maîtres divers. 10 p.

89 — DE GHEYN, SPRANGER, TEMPESTI. 5 p.

90 — PERELLE. 18 p.

91 — LAGRENÉE, JOUVENET, VOUET, VIEN. 4 p.

92 — VANLOO. Sainte Geneviève, gravée par BALÉCHOU. —
La même, gravée par AVRIL. 2 p.

93 — GUIDE. LE TITIEN. 3 p.

94 — DE GHEYN. Costumes. 6 p.

95 — Dix pièces de maîtres divers.

96 — A. BLOEMAERT. 8 p.

97 — Francisque Millet. 6 p.

98 — Marc de Ravennes. Grande pièce, 1540.

99 — Francisco Villamena, Spranger. 2 p.

100 — Hôtel-de-Ville de Paris, 1613.

101 — Boucher et Greuze. 3 p.

102 — Borel Hoin, Freudeberg, Pillement, Schall. 6 p.

103 — Mattei, Julien de Parme, Correge. 4 p.

104 — Van der Neer, Berghem. 3 p.

105 — Cinq pièces, d'après Rubens.

106 — Téniers et Ostade 5 p.

107 — Deux pièces, Allégories de la République et de l'Empire.

108 — Vingt-trois pièces, gravures diverses.

109 — Sept pièces, par et d'après H. Vernet.

110 — Treize pièces, chevaux, par C. Vernet.

111 — Deux pièces, gravures en couleur : les Joueurs de boules, la Bonne d'enfant, d'après C. Vernet.

112 — Boilly. Vingt-huit pièces, lithographies coloriées.

113 — Chasses, gravures anglaises en couleur. 6 p.

114 — Panini. Gravures en couleur. 4 p.

115 — Le beau Dunois, gravures en couleur. 4 p.

116 — Eaux-fortes, par Ostade et Téniers. 2 p.

117 — Claude Lorrain, Karel du Jardin, eaux-fortes. 2 p.

118 — Callot et Stop. 2 p.

———

119 — Sous ce numéro seront vendues les gravures non cataloguées.

Renou et Maulde, imprimeurs de la Compagnie des Commissaires-Priseurs, rue de Rivoli, 144.   13019